AF230544

VIE

DU R. P. JEAN EUDES

1er APOTRE DE LA DÉVOTION AUX SS. CŒURS,

ET

NSTITUTEUR DE LA CONGRÉGATION DE JÉSUS ET MARIE,

DE L'ORDRE DE N.-D. DE CHARITÉ DU REFUGE,

ET DE LA SOCIÉTÉ DES ENFANTS DU CŒUR ADMIRABLE

DE LA B. VIERGE.

PAR LE R. P. A. L. D.,

de la Congrégation de Jésus et Marie.

« Cet homme apostolique, la merveille de ce siècle. »

M. OLIER.

« Deo carum et Ecclesiæ venerabilem. »

« Dieu l'aima et l'Eglise eut à le vénérer. »

Mgr HUET, év. d'Avranches.

REDON

L. GUILLET, IMPRIMEUR-LIBRAIRE,

PLACE SAINT-SAUVEUR.

1869.

VIE

DU R. P. JEAN EUDES.

A. P. JEAN EUDES.

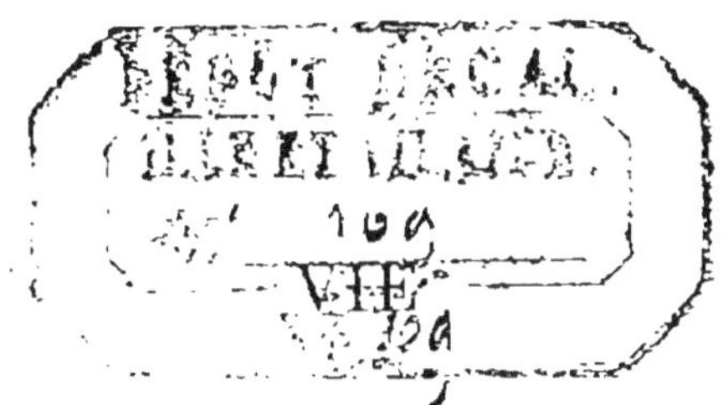

DU R. P. JEAN EUDES

1er APÔTRE DE LA DÉVOTION AUX SS. CŒURS,

ET

INSTITUTEUR DE LA CONGRÉGATION DE JÉSUS ET MARIE,

DE L'ORDRE DE N.-D. DE CHARITÉ DU REFUGE,

DE LA SOCIÉTÉ DES ENFANTS DU CŒUR ADMIRABLE

DE LA B. VIERGE.

PAR LE R. P. A. L. D.,

de la Congrégation de Jésus et Marie.

———

« Cet homme apostolique, la merveille de ce siècle. »

M. OLIER.

« Deo carum et Ecclesiæ venerabilem. »

« Dieu l'aima et l'Eglise eut à le vénérer. »

Mgr HUET, év. d'Avranches.

REDON

L. GUILLET, IMPRIMEUR-LIBRAIRE,

PLACE SAINT-SAUVEUR.

1869.

AVANT-PROPOS.

PROCÈS DE BÉATIFICATION DU R. P. EUDES.

En 1851, un des Pères de la Congrégation le Jésus et Marie fondée par le R. P. Jean Eudes, fit un voyage à Rome et obtint une audience particulière du Souverain Pontife. Celui-ci venait de recevoir, de l'un des Monastères de l'Ordre de Notre-Dame de Charité du Refuge, la Vie du Serviteur de Dieu. Aussi, après avoir accueilli le visiteur avec la plus grande bonté, l'auguste Pie IX lui dit, en lui montrant le livre entr'ouvert sur sa table : « Vous êtes Eudiste ! ah ! je connais votre bon Père, je lis en ce moment sa vie ; » et le vénérable Pontife lui parla avec amour et respect de sa science, de son zèle, de son dévouement à la cause de Dieu et de l'Eglise, ainsi que des nombreux services qu'il lui avait rendus.

Au mois de juin 1867, le Saint Père daignait encore bénir plusieurs enfants du

P. Eudes, à genoux à ses pieds, et il disait à l'un d'entr'eux : « Je connais bien votre bon P. Eudes, c'était un grand serviteur de Dieu et de son Eglise : .il faut vous hâter de travailler à la Cause de sa canonisation. »

Parmi ceux qui tiennent de plus ou moins près au P. Eudes, quel est celui qui ne se serait pas senti ému, en entendant de pareils éloges et un tel vœu tomber des lèvres vénérées de notre Saint Pontife ! « Il faut vous hâter de travailler à la cause de sa canonisation ! » Déjà plusieurs fois, la congrégation de Jésus et Marie et l'ordre de Notre-Dame de Charité, qui doivent au P. Eudes leur existence , avaient témoigné le désir d'introduire la Cause de leur Père commun. La Normandie , théâtre principal de son apostolat, se fut associée toute entière à cette entreprise. En 1720, en 1810, en 1847 il fut question d'entamer les poursuites : la Providence ne permit pas alors qu'on exécutât ce projet. Dieu soit loué ! le moment semble enfin venu.

Le 1er avril 1868, le R. P. Gaudaire, Supérieur général de la Congrégation de Jésus et Marie, au nom de son Institut, de l'ordre de

otre-Dame de Charité du Refuge et des
nfants du Cœur admirable de la Sainte
Mère de Dieu, désignait l'un des Pères de sa
ociété, comme Postulateur de la Cause. Mgr
Hugonin, évêque de Bayeux, possédant le
tombeau du P. Eudes dans son diocèse, c'est
à lui que dut être adressée la demande d'un
premier procès, tendant à établir la réputation
de sainteté du serviteur de Dieu. Sa Grandeur
accueillit avec beaucoup de bonté et avec une
joie sensible de pareilles ouvertures. Il s'agit,
en effet, d'élever sur les autels un homme qui
fut l'apôtre, et qui est encore une des gloires
du diocèse de Bayeux. La reconnaissance,
l'honneur de son église s'unissaient donc au
zèle des intérêts de Dieu, pour mériter à la
Cause du P. Eudes son dévouement le plus
entier et le plus sincère.

A peine la Commission d'enquêtes avait-elle
été nommée, que des publications diocésaines
firent connaître en divers endroits, l'ouverture du procès. Partout cette nouvelle ren-
contra la plus religieuse sympathie. C'est que
le P. Eudes a été l'un des plus illustres
champions de J.-C. au XVIIme siècle : ses
œuvres et ses vertus héroïques forment une

des plus belles pages de notre Eglise de
France, et spécialement de l'Eglise de Normandie, à cette époque. Aucun missionnair
dans ce siècle, au dire des juges les plu
compétents, ne remua si fortement les peuple
et ne réveilla aussi efficacement en eu
l'esprit du Christianisme : son nom néces-
sairement uni à ceux des Saints Cœurs d
Jésus et de Marie, dont il fut l'apôtre dévoué
et dont il institua le culte, est cher à tous le
dévots à ces Cœurs sacrés. L'œuvre de
Séminaires qu'il commença, au milieu de
tant d'obstacles, l'a couronné de la même
auréole, qui brille au front des Vincen
de Paul et des Olier. Enfin, les sociétés religieuses dont il est le Père, et qui ne cessen
de se propager jusqu'aux extrémités du monde, font revivre jusque sous nos yeux, les
heureux résultats de son zèle et de sa sainteté.

Longtemps le nom du P. Eudes était resté
comme caché dans l'ombre. A l'annonce du
procès de sa canonisation, tous ont compris
qu'il était bon de placer enfin sur le chande-
lier, cette lumière allumée par Dieu pour
éclairer notre pays. On s'est réjoui en voyant

rriver le temps, où allaient être connues les
merveilles opérées par J.-C. dans son héroïque serviteur, et où seraient proclamés bien
haut les prodiges que Dieu a faits par son
ministre.

Les Evêques, en grand nombre, s'empressèrent de promettre leur concours à la Cause
l'un Prêtre, que Mgr Dupanloup (1) range
parmi les hommes Apostoliques, qui ont fait
refleurir l'Eglise, en exécutant les décrets du
concile de Trente; le clergé séculier se félicita
de la gloire qu'on préparait à l'un de ses plus
zélés réformateurs ; les Congrégations religieuses d'hommes et de femmes, comprirent
que canoniser le fondateur de la Congrégation
de Jésus et Marie, et de l'ordre de Notre-
Dame de Charité, c'était glorifier en sa personne tous les ordres religieux : le peuple
lui-même tressaillit de joie ; car on venait
d'évoquer un souvenir qui, à travers les
siècles, lui était resté bien cher, et sa reconnaissance lui rappelait que c'était au P. Eudes
et à ses Institutions, qu'il devait en grande
partie la vivacité de sa foi et la pureté de ses
mœurs.

(1) Lettre sur le Concile.

L'ouverture du procès était annoncée pour le 19 août, anniversaire de la bienheureuse mort du P. Eudes. Ce jour-là, en effet, Mgr Hugonin, évêque de Bayeux et de Lisieux, convoquait, dans la chapelle de son palais épiscopal, les membres désignés par lui pour faire partie de la Commission. Sa Grandeur reçut les serments de chacun d'eux, et le tribunal se trouva juridiquement constitué, sous la présidence de M. Ducellier, vicaire général et doyen du Chapître. Le lendemain, la Commission se réunissait de nouveau au même lieu. Cette fois, le Postulateur déposait entre ses mains, les différents articles qu'il se proposait de faire constater dans le cours de l'enquête, et qui ont pour fin d'établir la réputation de sainteté dont a toujours joui la mémoire du P. Eudes, de mettre en évidence l'héroïsme de ses vertus, et d'attester les diverses faveurs que Dieu a daigné accorder à son intercession.

Le 29 août les membres du Tribunal siégeaient au pied du maître-autel de l'église de N.-D. de Charité de Caen. A droite et à gauche, dans le chœur, se groupaient les Ecclésiastiques appelés à servir de témoins.

Les religieuses se tenaient derrière leur grille : et près de la Table Sainte, étaient venus se ranger de pieux fidèles , jaloux d'apporter à cette cause le concours de leur témoignage. Tous, à genoux et la main sur les SSts Evangiles, prêtèrent, à leur tour, serment de dire la vérité et de garder le secret le plus inviolable sur l'interrogatoire auquel ils seraient soumis. Les témoins qui devaient comparaître dans la Cause n'avaient pu être réunis tous en ce jour : néanmoins une trentaine se trouvaient présents, d'autres comparurent plus tard ; et par leur ensemble ils ont offert la preuve, que toutes les classes de la société ont voulu prendre part à la glorification du serviteur de Dieu. Huit ou neuf instituts religieux : Franciscains, Prémontrés. Maristes. Sulpiciens, etc., s'y sont fait représenter par leurs enfants. Un grand nombre des prêtres les plus considérés du clergé de Bayeux, chanoines, curés. chapelains.... ont tenu à honneur d'attester au nom de leur diocèse, la vénération qui s'y est perpétuée, depuis deux siècles. Les diocèses voisins n'ont pas voulu rester en arrière. Celui de Coutances a été représenté par un de ses grands vicaires, en qui se résument les traditions de ce pays, un des principaux théâtres, où s'exerça le zèle du P. Eudes. Jaloux de joindre son témoignage à ceux des diocèses de Bayeux et de Coutances, celui de Séez a envoyé aussi plusieurs membres de son clergé, et quelques laïcs, aussi recommandables par leur position sociale, que par leur science et leur vertu : ils ont montré que sur tous les points de la Normandie, il n'y a qu'une voix relativement à la sainteté du P. Eudes. Le tribunal a entendu également des Religieuses de diverses communautés ; des laïcs appartenant à toutes les classes, et même plusieurs femmes du peuple, qui sont venues apporter à la Cause, le poids de leurs dépositions aussi vraies que simples et naïves. Tous les esprits étaient animés d'une même pensée ; un même sentiment faisait battre tous les cœurs ; chacun s'estimait heureux d'avoir été admis à contribuer à la glorification d'un homme, qu'on aimait comme un Père, et qu'on vénérait comme un Saint.

Dans la 4me Séance commença l'interrogatoire des témoins, et il n'est pas encore terminé en ce moment (avril 1869). Quaran-

e-deux personnes ont comparu successivement devant la Commission, et l'ont occupée
durant quarante-huit séances. Quand on songe
que chacune de ces séances a duré en moyen-
ne trois heures, on peut se faire une idée du
soin et de la maturité, avec lesquels la
Commission a dirigé les premières enquêtes de
la Cause.

Cependant le premier procès relatif à la
réputation de Sainteté, aux vertus et aux
miracles, touche à sa fin. Le deuxième procès
constatant qu'aucun culte illicite n'a été rendu
au P. Eudes, sera aussi bientôt terminé.
Nous aimons donc à espérer, que les actes de
ces enquêtes pourront être avant longtemps
portés à Rome, afin que la S. Congrégation
des Rites daigne accorder au Serviteur de
Dieu, les honneurs de la Béatification.

Puisse ce petit opuscule servir à la gloire
du R. P. Jean Eudes, et à l'édification des
fidèles, en faisant connaître, bien qu'en rac-
courci, la vie si pleine et si sainte de cet
apôtre, que M. Olier, le fondateur de la société de S. Sulpice, appelait *la merveille du
XVIIme siècle.*

(Nota) Pour nous conformer aux prescrip-
tions de la sainte Eglise Romaine, nous dé
clarons que s'il nous arrive parfois de donne:
au P. Eudes, les noms de saint et de vénérable, nous ne prenons ces mots que dans ur
sens très-large. De même, si nous donnons
le récit de faits extraordinaires et merveilleu:
nous ne prétendons pas qualifier ces faits.
Nous ne voulons sous aucun de ces rapports.
prévenir le jugement de l'Eglise : à elle seule
il appartient, par la bouche infaillible du
vicaire de J.-C., de porter des décisions sur
la sainteté des serviteurs de Dieu, et sur la
réalité des miracles qu'on leur attribue.

Chapitre 1er

ENFANCE ET JEUNESSE DU P. EUDES.

En l'année 1601, vivait dans la paroisse de
Ri, au diocèse de Séez en Basse-Normandie,
un chirurgien de village nommé Isaac Eudes.
Destiné au Sacerdoce dans sa jeunesse, il
allait recevoir les Ordres Sacrés, lorsque la
peste, en lui enlevant tous ses frères, avait
détourné sa vocation. En changeant son état
de vie, Isaac n'avait rien perdu de sa piété
tendre et solide : il fut même, dit-on, très-
fidèle à réciter le bréviaire tous les jours de
sa vie. Il avait choisi pour épouse une fille
vertueuse nommée Marthe Corbin, qui savait,
ainsi que son mari, si bien inspirer de la
retenue aux libertins, que ceux-ci n'osaient
en leur présence, se permettre rien qui fût
contraire à la modestie, quoique la licence fût
extrême en ces temps malheureux. Privés
longtemps des fruits qu'ils pouvaient attendre

de leur union, Isaac Eudes et son épouse, obtinrent enfin le 14 novembre 1601 , par un vœu fait à N.-D. de Recouvrance, un fils qui reçut au baptême le nom de Jean.

Consacré à Jésus et à Marie, avant même d'avoir vu le jour, élevé avec soin sous l'œil vigilant de sa pieuse mère, cet enfant de bénédiction ne tarda pas à se faire remarquer par un excellent naturel et d'heureuses inclinations pour la vertu. Dès ses premières années, il fit paraître une horreur infinie, pour tout ce qui aurait pu blesser la pureté de son âme, et un attrait prononcé pour cette piété vive et tendre, qui le distingua jusqu'à son dernier soupir. Parfois il se dérobait à la compagnie de ses parents et de ses petits amis, et il se rendait seul à l'Eglise. Là, caché dans l'enfoncement d'un pilier, il se livrait, avec une ferveur angélique, aux plus suaves entretiens avec Jésus et Marie, dont il semblait avoir déjà compris le Cœur.

Dès l'âge de neuf ans, le jeune Eudes donna un exemple de cette douceur héroïque, qui est en effet un des caractères propres des véritables disciples du Cœur de Jésus. Un de ses caramades, nommé Desdiguiers lui ayant

onné un rude soufflet, le pieux enfant se mit
ussitôt à genoux, et tendant l'autre joue à
agresseur, il lui dit avec un visage plein de
mansuétude et d'humilité : « Frappez sur
autre. » Plus tard à Beaune, en 1648, Jean
Eudes devenu prêtre et missionnaire, donna
un nouvel exemple de cette noble patience ;
mais cette fois, le libertin qui lui avait
infligé un pareil affront, ne se laissa pas
adoucir par la tranquille aménité avec laquelle
le saint apôtre lui présenta incontinent l'autre
joue ; aveuglé par sa passion, il recommença
en effet à frapper le P. Eudes, et toute la ville
put admirer en cette circonstance quelle était
la douceur et la vertu de son zélé missionnaire.

Lorsque Jean eut atteint sa douzième année,
on le jugea capable d'être admis à sa première communion. Depuis longtemps il soupirait
après cet heureux moment, où il lui fut enfin
permis de s'unir à Jésus, le seul objet de son
amour. Il apportait à ce banquet divin, la
robe d'innocence qu'il avait reçue au baptême,
et que d'après l'aveu de ses confesseurs, il
conserva toute sa vie dans sa blancheur première. Aussi en cette circonstance, le Dieu

des âmes pures se plut à répandre dans l
sienne les trésors de ses grâces et de ses con
solations. Une fois qu'il eut savouré les déli
ces de cet aliment céleste, le pieux enfant e
ressentit une avidité insatiable, et depuis lor
il fut fidèle à s'en nourrir très-souvent.

Des rapports si intimes avec le Dieu qui s
plaît au milieu des lis, lui inspirèrent un v
attrait pour la vertu des Anges ; et ce ne fi
que par obéissance aux volontés de son con
fesseur, qu'il différa jusqu'à sa quatorzièm
année, à se consacrer au Seigneur par l
vœu de chasteté et de virginité perpétuelle. I
veilla toujours avec un tel soin à conserve
cette belle vertu dans toute sa pureté, qu'ai
milieu des calomnies publiées contre lui
jamais sa réputation, non plus que celle d
son divin maître, ne fut attaquée même légè
rement sous ce rapport.

A cette piété tendre et forte, se joignait une
application soutenue aux études, qu'il avai
commencées, sous la conduite d'un ecclésias
tique ami de ses parents, et qu'il continua
avec de brillants succès, au collège des RR.
PP. Jésuites de Caen. Modèle accompli d'un
vertueux écolier, Jean mérita constamment

time de ses maîtres et l'amitié de ses con-
ciples, qui le désignaient ordinairement
s le nom du *Dévot Eudes*. Les uns et les
res lui donnèrent une preuve bien pré-
use de leur vénération, en l'admettant au
mbré des congréganistes de la T. Ste Vier-
, et le P. Eudes, qui plus tard aimait à
ncontrer ce souvenir dans la mémoire de
n cœur, nous apprend qu'à partir de ce
oment,.il ne cessa de recevoir les marques
s plus signalées de la faveur de cette Mère
amour. Aussi la tendresse pour Marie fut
ujours un des caractères de sa dévotion.

Il mettait au rang des grâces, qu'il devait à
. puisssante protectrice , sa facilité pour
raison mentale, son attrait pour la récep-
n fréquente des sacrements et son goût
ur les mortifications corporelles. Même
ns sa jeunesse, les disciplines, les cilices,
s jeûnes rigoureux, devinrent en effet d'un
sage ordinaire pour notre fervent disciple
u Dieu crucifié. Il poussa même si loin ses
acérations, qu'on attribua dans la suite à
s pieux excès, l'état de langueur qui fit
raindre plusieurs fois pour ses jours, et que
s guides de sa conscience durent enfin

employer leur autorité pour mettre un frei
à ses austérités excessives.

Parvenu à l'âge de 18 ans, le jeune Eude:
de l'avis d'un sage directeur, se détermina
embrasser l'état ecclésiastique, vers leque
il avait senti, de bonne heure, se diriger se
secrets désirs. Il se présenta donc à Mgr L:
Camus, son évêque, qui lui conféra la tonsur
et les ordres mineurs. Renonçant dès lors :
tout ce qui est de la terre, le nouveau lévit
se donna tout entier au Dieu qui était deven:
la portion de son héritage, et il ne songe:
plus qu'à se sanctifier lui-même, tout er
travaillant à acquérir les connaissances né
cessaires pour sauver les âmes, glorifier Die
et servir l'Eglise.

+++

Chapitre 2me

LE P. EUDES A L'ORATOIRE. SON DÉVOUEMENT POUR LES PESTIFÉRÉS.

La crainte des dangers du monde, le désir
de se consacrer plus entièrement à J.-C.,
l'attrait de la grâce, les conseils de son direc-

eur, appelant le jeune Eudes à la vie de
ommunauté , il tourna ses regards vers
Institut de l'Oratoire que le célèbre cardinal
e Bérulle venait de fonder , et qui était
ncore dans sa première ferveur. Ses parents,
veuglés par un attachement trop naturel
sa personne, s'opposèrent d'abord fortement
ce projet ; mais enfin les larmes, les prières
t la fermeté de leur fils, triomphèrent de
eur tendresse.

Heureux de cette victoire, Eudes se rend
ussitôt à Paris, et sans s'arrêter un instant
visiter les curiosités de cette grande ville,
l se présente directement à la maison de
'Oratoire, le 25 mars 1623. Le cardinal de
Bérulle prévenu de son mérite et de sa piété,
e reçut lui-même. Bientôt il put prévoir
combien ce nouveau confrère serait un jour
utile à l'église, et il ne le regarda plus que
comme son enfant de prédilection. Tout le
monde l'aimait et l'estimait ; aussi ses supérieurs se hâtèrent-ils de lui faire recevoir
l'onction sacerdotale. Le P. Eudes n'avait que
24 ans, mais déjà il possédait toutes les vertus
qui font les saints prêtres.

Ce fut la nuit de Noël , dans une chapelle

dédiée à Marie, qu'il offrit à Dieu, pour la première fois, le divin sacrifice. Pendant cette sainte action, il fut pénétré de si douces consolations, et il reçut une telle effusion de grâces, que l'impression lui en resta toute sa vie. « La Sainte Messe, disait-il : ah, il faudrait trois éternités pour l'offrir dignement ! la première pour s'y préparer, la deuxième pour la célébrer, et la troisième pour en rendre grâces. »

Devenu par le sacerdoce apôtre de J.-C., enivré au saint autel de son sang et de son amour, le P. Eudes brûlait de consumer à son service, son temps, sa santé, sa vie. Mais Dieu, qui se plaît à éprouver ses élus pour augmenter leurs mérites, permit qu'une longue maladie vint pendant deux années entières, le rendre incapable des moindres travaux. Envoyé par ses supérieurs au séminaire de Notre-Dame des Vertus, à Aubervillers, il reçut l'ordre de se condamner à un repos absolu, qui était devenu indispensable.

Cependant il ne fut pas oisif dans cette retraite : une union continuelle à Dieu dans la prière, et l'étude des divines Écritures lui

ent trouver des charmes inexprimables, au
ilieu du calme de sa solitude. C'est là qu'il
prit à aimer et à révérer les livres saints,
comme la relique la plus précieuse que
-C. nous ait laissée de lui-même. » Il la
sait à genoux, autant que possible, et sans
oir recours aux traducteurs ni aux inter-
rêtes, de peur, disait-il, de confondre les
ensées des hommes avec celles qu'il espérait
cevoir de l'Esprit-Saint. Dans les passages
ifficiles, il préférait recourir à la prière plutôt
u'à l'étude des commentateurs : et il était
are qu'il ne réussit pas à comprendre les tex-
es les plus obscurs. Il laissa entendre un jour à
un de ses enfants, qu'il avait ainsi reçu de
Dieu, une intelligence particulière des épîtres
le S. Paul et du livre des Proverbes. Durant
ette lecture, il cherchait à imaginer les
liverses occasions dans lesquelles il pourrait
e servir des passages qui l'avaient frappé,
soit pour sa propre perfection, soit pour l'ins-
ruction du prochain : il s'essayait même
quelquefois aux pieds de J.-C., à en tirer
quelques exhortations ; et c'est à ce travail
uni à la prière, qu'il dut cette abondance,
cette facilité, cette force, cette onction, qui

dans les plus grands embarras de sa vi
apostolique, ne lui firent jamais défaut.

Deux années passées dans le repos réta
blirent suffisamment la santé du P. Eudes
pour lui permettre de se livrer désormais à
toute l'ardeur de son zèle. La Providence lu
en offrit une belle occasion. La peste rava-
geait son pays natal. Joyeux de s'exposer à la
mort pour ses compatriotes désolés, il obtien
à force d'instances l'autorisation de voler à
leur secours. A pied, le bâton à la main, il
sort de Paris ; son bréviaire, un autel porta-
tif et les choses nécessaires pour célébrer la
Ste Messe forment seuls son bagage. Il est
accueilli avec joie par l'autorité ecclésiastique
de Séez; mais nulle part il ne peut trouver un
toit hospitalier. Qu'importe du reste à l'apôtre
de n'avoir pas plus que son maître une pierre
pour reposer sa tête, quand son unique désir
est de sacrifier comme lui sa vie pour ses
frères ! Il choisissait de préférence les lieux
les plus infectés de la contagion, parce que
les malades y étaient plus abandonnés.
Chaque jour, après avoir dit la Ste Messe, il
mettait des hosties dans une boîte de ferblanc
suspendue à son cou; accompagné d'un pauvre

tre qui l'avait enfin reçu chez lui, il s'en
it parcourant les campagnes, et offrant
pestiférés avec le secours et les consola-
s de la foi, tous les soulagements corporels
sa charité ingénieuse le mettait en état
donner. Il passait la nuit en prières, et il
prenait qu'un peu de repos, assis dans une
ise, ou au plus couché tout habillé sur un
uvais grabat.

Après deux mois d'un travail si pénible èt
angereux, la peste cessa ; et le P. Eudes
ut ordre de rentrer à l'Oratoire de Caen.
tude, la prière, la prédication et l'adminis-
tion des sacrements, y partagèrent son
mps : mais bientôt une nouvelle occasion
se dévouer pour ses frères se présenta. La
ste (1631) venait d'éclater à Caen ; la cons-
nation était générale ; une seconde fois le
Eudes accourt sans balancer au milieu des
davres et des mourants, et pendant que la
ort frappe sans pitié autour de lui, il con-
le, il secourt, il munit des Sacrements tous
ux qui sont atteints. On cherche à modérer
n zèle, il répond en souriant : « Qu'ai-je à
aindre de la peste, moi qui suis plus mé-
ant qu'elle ! » et il continue son œuvre de

dévouement. On sait que, pour ne pas êt:
une occasion de danger à ses frères (
l'Oratoire, il se sépara d'eux pour un tem]
et alla se loger dans la grande prairie (
l'abbaye de la Ste Trinité, que le peuple dé
signa longtemps, en souvenir de ce fait, sou
le nom de *Pré du Saint* : c'est là qu'il prena
le peu de nourriture qu'on y apportait en at
mône, et c'est là qu'il couchait la nuit dar
un tonneau qui lui servait à la fois de chan
bre et d'oratoire. Ce ne fut qu'après la cess:
tion du fléau qu'il rentra chargé de mérite:
dans sa communauté où il n'était re
venu que momentanément pour assiste
quelques-uns de ses frères frappés eux-même
de la contagion.

✝✝✝✝✝✝✝✝✝✝✝✝✝✝✝✝✝✝✝✝✝✝✝✝✝✝✝✝✝✝✝✝✝✝✝✝✝✝✝

Chapitre 3me

PREMIÈRES MISSIONS DU P. EUDES, SES PRÉDICATION:

Le tempérament d'ailleurs si délicat du P
Eudes, se trouvait alors bien affaibli par tan
de fatigues excessives et par des austérité

ontinuelles ; une maladie violente, à laquelle
ne fut arraché que par les prières des per-
onnes jalouses de conserver à l'Eglise un si
igne serviteur, vint en quelque sorte ache-
er de l'abattre : mais il n'y a rien de si fort
ue le zèle, et quand on brûle de l'amour de
Dieu, il n'est rien qu'on ne soit capable d'en-
reprendre.

A peine échappé à la mort, notre fervent
pôtre, résolut de se consacrer tout entier au
alut des âmes, surtout par les exercices des
missions. L'hérésie, qui depuis 70 ans s'était
épandue dans la Basse-Normandie, avait
léposé dans les villes et les campagnes, des ger-
nes malheureux qui produisaient alors leurs
ruits, c'est-à-dire, l'ignorance de la religion
et la corruption des mœurs. Le P. Eudes était
profondément affligé de voir périr un si grand
nombre d'âmes, faute d'hommes apostoliques
pour leur prêter la main, et les empêcher de
tomber dans l'enfer. « Une mer de larmes de
sang, disait-il, ne suffirait pas à pleurer un
tel malheur. » Epris de la noble passion de
sauver les âmes, il brûle du désir d'être em-
ployé à guérir ces plaies profondes. Dès longtemps ses supérieurs avaient apprécié la force

et l'onction, avec lesquelles ce jeune apôtr
annonçait la parole divine ; avant même qu'i
eût reçu les ordres sacrés, le cardinal d
Bérulle l'avait fait prêcher à Paris. Plus d
dix ans d'études approfondies sur les matiè
res ecclésiastiques, et surtout une vie tout
remplie par la prière et les œuvres d'un
sainteté parfaite, avaient achevé de le préparer à cet important ministère.

Ce fut l'an 1632, qu'il entra dans cette car
rière apostolique, ouverte par le Fils de Dieu
lui-même. Le diocèse de Coutances fut le
premier théâtre de ses travaux, et un succès
brillant y couronna les efforts de son zèle
Mais l'esprit de Dieu l'appela bientôt en
d'autres parties de la Normandie, et il par-
courut successivement les diocèses de Bayeux,
de Séez, de Lisieux et de Rouen. Partout les
mêmes bénédictions accompagnaient ses travaux. La Bretagne voulut aussi entendre
« l'incomparable missionnaire, » et le P. Eudes, qui ne savait jamais refuser, alla évangéliser le diocèse de St-Malo. Les peuples
couraient à sa suite et se convertissaient en
foule ; les évêques étonnés des prodigieux
effets de ses prédications, ne savaient comment

ui témoigner leur vénération et leur reconnaissance. C'est ainsi que Mgr l'archevêque
de Rouen, durant une mission qu'il faisait
dans cette ville à la tête de trente ouvriers,
le nomma chef des missions de toute la Normandie.

Non content de réformer les mœurs des
catholiques, le P. Eudes se fit remarquer par
un rare talent pour la conversion des pro-
testants. Pour lui la controverse se résumait
toute entière dans ces trois mots : y a-t-il une
église à laquelle on soit obligé de croire ? où
est cette église ? que dit cette église ? A sa
parole les hérétiques, se laissaient désabuser de
leur erreurs, et un de ses biographes a pu
comparer sous ce rapport les courses du zélé
missionnaire, à celles de S. François de Sales
dans le Chablais.

Quant à sa manière d'annoncer la parole de
Dieu, voici ce que nous lisons dans des lettres
écrites par des prélats de France à la cour de
Rome : « Le P. Eudes reproche sans respect
humain au peuple de Dieu les crimes qu'il a
commis ; mais il a pitié des pécheurs ; il in-
vective fortement contre les vices, mais sans
se servir de paroles dures et aigres. Il ne re-

court pas aux paroles insinuantes de la sagesse humaine ; il parle dans l'esprit et la force de Dieu. Brûlant du désir non de plaire, mais d'être utile, il se met peu en peine de flatter les oreilles de ses auditeurs, pourvu qu'il allume dans leur cœur, le regret de leurs fautes et l'amour de son Dieu. On sent en lui la compassion d'un tendre père pour le misérable état de ses enfants, et le zèle d'un apôtre pour procurer leur salut. » « Aussi, disait Mgr de Cospéan, prélat savant et vertueux, je ne connais rien de plus pieux, de plus fort et de plus entraînant que les sermons de cet apôtre de la Normandie. » Et Mgr Le Camus, l'ami de S. François de Sales, ajoutait : « J'ai vu assurément dans ma vie bien des prédicateurs ; j'ai même entendu tout ce qu'il y a de plus parfait en ce genre, tant en Italie qu'en France ; mais, je dois en convenir, il ne m'est jamais arrivé d'en entendre aucun qui entrât plus avant dans le cœur de l'homme, que ce bon Père. » Bossuet lui-même assistait à ses prédications, et il disait en sortant : « c'est ainsi que nous devrions tous prêcher. »

Ce n'étaient point la politesse du style, l'ar-

ngement des mots, ou des phrases artiste-
ent composées, qui assuraient ces merveil-
ux succès du P. Eudes. Le fond de ses
scours était toujours pris dans la Ste Ecri-
re ; il se bornait à méditer profondément sa
atière ; au sortir de l'oraison, il l'arrangeait
ec méthode, et après avoir prié de nouveau
s'abandonnait avec confiance au feu de son
lent naturel. Son exposition était simple,
algré sa véhémence ; mais on sentait qu'il
ait lui-même vivement pénétré des vérités
'il prêchait ; on était saisi, les cœurs étaient
angés, et bien des fois son auditoire ému
nterrompit par ses sanglots et ses larmes.

Caen le peuple se précipita un jour à
noux en criant : Miséricorde, et à Paris,
entendit au milieu d'un de ses sermons,
s milliers de personnes pousser tout-à-coup
ns leur enthousiasme, le cri de Vive
sus !

Il y avait cependant quelque chose de plus
dmirable encore, c'était la modestie du P.
udes, au milieu des triomphes que la grâce
vine remportait par son ministère. Jamais
ne faisait allusion à ses succès ; et lorsqu'il
ait libre de choisir les lieux où il devait

prêcher, il préférait l'obscurité des simples villages, à l'éclat des grandes villes. « Une seule âme, disait-il, est un monde devant Dieu, et N. S. s'est bien arrêté pour prêcher une seule femme. » Toutefois, quand la gloire de son divin maître y était intéressée, il savait parler aux rois et aux grands de la terre, avec la liberté d'un nouveau Jean-Baptiste. Sa vertu et sa prudence savaient faire accepter les vérités les plus sévères, et Anne d'Autriche disait de lui : « Voilà comment il faut prêcher, et non pas me dire des fleurettes comme les autres me disent. »

✝✝✝

CHAPITRE 4me

FONDATION DE L'ORDRE DE N.-D. DE CHARITÉ DU REFUGE.

Souvent dans ses missions, le P. Eudes avait eu le bonheur de retirer du libertinage des âmes vendues à l'iniquité. Ce n'était point assez de les éloigner du mal, il fallait assurer leur persévérance dans le bien, en leur procurant les moyens de fuir les dangers du onde, et d'éviter cette indigence extrême, ui ouvre si fréquemment à ces pauvres âmes porte du vice.

Une femme du peuple, nommée Magdeleine amy, riche seulement en piété et en con-ance, fut l'instrument dont se servit, pour tte œuvre importante, le Dieu qui choisit ce ui n'est rien pour confondre ce qui est. uelques filles pieuses gagnées aussi par le . Eudes se joignirent à elle ; des personnes iches leur assurèrent des moyens d'existence t le 8 décembre 1641, tout ce petit troupeau ut enfin commencer à garder une exacte lôture, et à observer les règlements que le aint homme avait dressés à cette intention. e n'était là qu'une ébauche.

Le P. Eudes comprit que pour donner à ette œuvre la stabilité dont elle avait besoin, l eut été désirable d'en confier le soin à une ommunauté religieuse. Il communiqua son essein à quelques serviteurs de Dieu, et de eur avis, il crut même qu'il serait utile de ier par un quatrième vœu à l'instruction et à a conversion des pénitentes, les saintes filles ui auraient le dévouement de se consacrer à ette nouvelle œuvre. « Il y a, disait le P.

Eudes, des Hospitalières pour avoir soin des corps malades ; il y a des Ursulines qui s'emploient à imprimer la crainte de Dieu dans les âmes innocentes ; de même il est important de fonder des couvents qui soient comme des hôpitaux pour les âmes blessées, criminelles et pénitentes, afin de leur redonner la santé spirituelle, en ravivant dans leur cœur la crainte de Dieu. » Dès lors fut fondé l'Ordre auquel il donna le nom de N.-D. de Charité du Refuge. On conçoit sans peine quelle est l'excellence particulière de la fin de ce nouvel Institut. « Imiter la tendre charité du Cœur de Jésus et du Cœur de Marie envers les âmes pécheresses ; implorer près de Dieu leur conversion, leur ouvrir un refuge, quand elles viennent, fatiguées du poids de leurs fautes, demander au repentir une paix que le crime ne donne pas ; les accueillir avec bonté, les supporter avec patience, les traiter avec douceur, favoriser en elles les opérations de la grâce et partager ainsi avec le Sauveur du monde la douce mission de ramener au bercail les brebis égarées, leur apprendre à diminuer le nombre de leur fautes, et souvent même à arrêter entièrement

cours de leurs habitudes mauvaises, inspi-
er l'amour du travail à des âmes qui ne con-
aissaient depuis longtemps que l'indolence
t l'oisiveté, les former insensiblement à la
ratique des solides vertus, et leur rendre en-
n si agréable cette vie régulière du cloître,
ue beaucoup demandent à y finir leurs jours.
Voilà l'œuvre vraiment apostolique, que le
iel à confiée au dévouement des religieuses
e N.-D. de Charité. »

Leur pieux fondateur avait facilement com-
ris que pour remplir une vocation si haute,
l fallait des vertus bien solides, et un grand
èle pour le salut des âmes. Il choisit la règle
le St-Augustin ; et il dressa les constitutions
t le coutumier suivant l'esprit de S. François
le Sales dans les règlements qu'il a donnés à
a Visitation. Il voulut que les habits des
religieuses, tunique, robe, ceinture, scapulaire
et manteau de chœur, fussent de laine blanche, comme symbole de la pureté de celles
qui embrasseraient l'institut et de leur zèle à
purifier les âmes salies par le péché. Une
petite croix bleue cachée sous leur vêtement près
du cœur devait les avertir sans cesse de la
nécessité d'aimer la croix, et de ne tendre

qu'au ciel. Un cœur d'argent, où est repré-
sentée la Ste Vierge tenant son divin Fils
entre ses bras, indiquerait qu'elles sont con-
sacrées au S. Cœur de Marie, qu'elles ont
toujours honoré depuis d'un culte tout parti-
culier.

Ces choses ainsi réglées, Dieu lui-même
envoya au P. Eudes des sujets, dignes par
leur résolution et leur piété, de servir de
modèles à tout l'institut. La première fut
mademoiselle de Taillefer, depuis Sᵣ Marie
de l'Assomption, dont l'énergie et la force
d'âme surent triompher de toutes les tempêtes
au milieu desquelles eut à passer l'ordre
naissant : ce fut ensuite Marie Herson, nièce
du saint homme, qui, sous le nom de Marie
de la Nativité devint une des colonnes de
l'institut : elles furent suivies de plusieurs
autres, qu'on regarde avec raison comme les
Mères d'une Congrégation, qu'elles honorè-
rent par l'éclat de leurs vertus.

La division qui vint se mettre tout-à-coup
parmi les directrices de cette œuvre, donna
au P. Eudes l'occasion de solliciter et d'obtenir pour les remplacer momentanément la
mère Françoise Marguerite Patin, religieuse

la Visitation. Personne n'était plus propre
'elle à seconder le pieux fondateur, et à
·mer de jeunes novices aux vertus que
·mande une vocation si sublime. Aussi on
·ut dire avec vérité, qu'elle devint comme
·première pierre de cet édifice spirituel
·quel le Seigneur préparait 'de si abondantes
·nédictions. De son côté M. de Langrie, pré-
·lent au parlement de Rouen, assura, par
·s offres généreuses, la fondation du monas-
·re.

Toutefois le démon ne vit pas sans une rage
·ineuse, s'établir une communauté qui de-
·it soustraire tant d'âmes à sa tyrannie.
·souleva donc les plus furieuses tempêtes
·ntre elle : injures, calomnies, persécutions,
·en ne fut épargné. Au dehors, la ville de
·ien, l'autorité diocésaine, Rome même re-
·tèrent d'abord toute demande d'autorisation.
·u dedans on trouvait de grandes difficultés
·it à se procurer le nécessaire, soit à gouverner
·s pénitentes. Le P. Eudes ne perdit rien de
·ι confiance en Dieu. Au plus fort de la tem-
·ête, appuyé sur Jésus et Marie qui seuls
·ιvaient engagé dans cette œuvre, il espéra
·ntre toute espérance. Dieu exauça enfin ses
·rières, lorsqu'on s'y attendait le moins.

Le 8 février 1651, jour destiné dans l'ord
de N.-D. de Charité à honorer le S. Cœur
Marie, Mgr Molé, évêque de Bayeux, fit
lui-même la démarche qu'on avait tant de fo
vainement sollicitée, et donna des lettr
d'institution. A Rome, cependant, on ser
blait toujours craindre que les religieuse
appliquées au soin des pénitentes, ne trou
vassent un écueil pour leur innocence, dan
le contact de ces femmes, dont quelques-une
leur arrivaient encore souillées des vice
qu'enfante le libertinage; mais ces alarme
devaient être bientôt dissipées, par l'heureus
expérience de la pureté des filles du P. Eude
Aujourd'hui encore, après deux siècles d'é
preuve, on voit avec admiration ces vierge
chrétiennes travailler à sauver ces âmes, san
imprimer une seule tache à la blancheur d
leurs vêtements : glorieux privilége et preuv
évidente de l'assistance particulière de la Rei
ne des Vierges, dans le Cœur de laquelle elle
abritent leur vertu.

Ce fut en 1666 que le Pape Alexandre VI
donna la bulle d'érection du nouvel ordr
sous la règle de S. Augustin. Seize religieuse
qui composaient alors la communauté, profi

ent de ce bienfait, pour renouveler leur
ofession, le jour de l'Ascension, entre les
ins de Mgr leur évêque ; car celui-ci avait
ulu lui-même recevoir leurs vœux, devenus
s lors solennels. Sous ce rapport les désirs
P. Eudes étaient accomplis, et tout joyeux
rès la cérémonie, il déclara à ses chères
les, qu'il était prêt à sortir de cette vie, puis-
'il voyait de ses propres yeux, l'ordre de
.-D. de Charité si bien établi dans
Église.

Cet institut ne tarda pas à prospérer, sous
bénédiction des vicaires de J.-C. Plusieurs
lles du royaume s'empressèrent d'appeler
us leur enceinte, des religieuses vouées à
ne œuvre aussi nécessaire, et jusqu'à la ré-
olution, elles se firent admirer partout par
néroïsme de leur dévouement et par la sain-
té de leur vie. La tourmente révolutionaire
s dissipa un instant ; mais bientôt elles se
éunirent de nouveau, et de nombreuses fon-
ations sont venues donner à cet ordre tout
postolique, un développement qu'il n'avait
imais atteint. L'Espagne, l'Italie, l'Angle-
erre et l'Amérique, ont voulu partager avec
i France, les bienfaits de leur zèle ; et les

Filles de N.-D. de Charité du Refuge, on volé avec joie dans tous ces pays, pour y sau ver les âmes perdues et répandre la bonn odeur de leur vertu. Jusqu'en 1834, tous le monastères étaient restés indépendants le uns des autres : ils étaient unis seulement pa les liens de charité qu'établissent toujours un origine, une fin et des règles communes. À cette époque le couvent d'Angers, obtint d Grégoire XVI, que toutes les nouvelles mai sons qui sortiraient de lui, restassent sous s direction et fussent gouvernées par une supérieure générale. Par là ce monastère devint l maison principale d'une congrégation parti culière, qui au nom de N.-D. de Charité, a ajouté la dénomination spéciale du Bon-Pasteur d'Angers. Le tronc primitif, vénérable par plus de deux siècles de dévouement et de vertus, a continué à fleurir, et à pousser des rameaux vigoureux. De son côté la branche nouvelle s'est aussi prodigieusement développée, et elle fait actuellement sentir dans tous les coins du monde, la salutaire influence de l'œuvre du P. Eudes ; car, il est bon de l'ajouter, le nouvel institut a conservé les constitutions du saint fondateur, qu'il regarde et

t'il vénère toujours comme son Père. Près de
0 Refuges, dont plusieurs renferment 80 reli-
euses et 400 pénitentes, n'attestent-ils pas
ffisamment que le P. Eudes obéissait à
e mission divine, quand il institua l'Ordre
e N.-D. de Charité.

✝✝✝✝✝✝✝✝✝✝✝✝✝✝✝✝✝✝✝✝✝✝✝✝✝✝✝✝✝✝✝✝✝✝✝✝✝

CHAPITRE 5me

**FONDATION DE LA CONGRÉGATION
DE JÉSUS ET MARIE, 1643.**

Une des pensées du cardinal de Bérulle, en
tablissant la Congrégation de l'Oratoire,
vait été de réaliser un des vœux les plus
hers du concile de Trente, et de fonder
les séminaires où les jeunes ecclésiastiques,
éparés du monde, pourraient se former plus
acilement aux vertus qu'exige leur saint état.
Le P. Eudes avait apprécié toute l'importance
e cette entreprise, et il gémissait de voir
e but abandonné par les membres de l'Ora-
oire. Vainement il sollicita à plusieurs reprises ses Supérieurs de remplir enfin les vues
du pieux Cardinal : il n'éprouva que des refus;
mais la Providence vint à son aide.

3.

Richelieu avait compris que pour affermir la paix du royaume et ramener à l'unité les novateurs, il avait besoin d'un clergé vertueux et instruit. Le moyen d'y arriver était de donner aux jeunes clercs une éducation solide, qui les formât également à la piété et à la science. Les témoignages avantageux qu'on lui rendit du P. Eudes lui firent juger que ce pouvait être l'homme destiné par la Providence à cette œuvre importante. Il le fait donc appeler à Paris ; durant plusieurs conférences, il l'étudie et lui fait développer ses propres plans sur l'établissement des séminaires ; c'est alors que, ravi de la sagesse de ses conseils, il lui appliqua, comme au digne enfant du cardinal de Bérulle, ces paroles du livre des Rois : *Béni soit le Seigneur notre Dieu, d'avoir donné à David un fils si sage ;* c'est pourquoi il s'empressa de lui procurer les secours nécessaires à cette grande entreprise.

C'était beaucoup pour le P. Eudes que la protection du cardinal de Richelieu ; mais il n'ignorait pas qu'en vain les ouvriers travaillaient à élever un édifice, si le Seigneur n'en est pas le premier architecte. Il résolut

nc d'intéresser, par de ferventes prières,
lui qui donne le vouloir et le pouvoir, et qui
nt dans sa main le succès des entreprises
mieux concertées. Ses nombreux amis à
i il demanda conseil, ne purent que l'en-
ger à se charger d'une œuvre dont ils le
vaient capable, et qui promettait à l'Eglise
s consolations abondantes et de puissants
cours. Déjà d'ailleurs il s'était essayé à cette
cation dans les conférences, où il n'était pas
re de voir se grouper autour de lui jusqu'à
ux et même trois cents ecclésiastiques.
Les nombreux prélats, qu'il y comptait
rmi ses auditeurs, y avaient pu reconnaître
talent que Dieu lui avait donné pour ins-
rer l'esprit du sacerdoce, et ils étaient prêts
seconder son zèle.
Fort de sa conscience et de l'approbation
s plus grands serviteurs de Dieu, le P.
des se résout donc à fonder son premier
minaire. Ce fut à Caen, en Normandie, qu'il
écuta ce projet si éminemment utile à l'E-
ise. Muni de l'approbation de Mgr d'An-
nnes, son évêque, il veut par dessus tout
ettre son entreprise sous la protection de la
ère de Dieu, et c'est aux pieds de N.-Dame

de la Délivrande, que le 25 mars 1643,
s'offrit à Dieu avec ses six premiers comp
gnons, pour travailler à sa gloire, par l'éd
cation du clergé dans les séminaires et pa
les exercices des missions.

Le P. Eudes avait alors 42 ans. Il f
reconnu à l'unanimité pour supérieur de cet
Société nouvelle, établie sous le nom de Cor
grégation de Jésus et Marie. Sans faire le
vœux de religion, les membres de cet institu
doivent en embrasser la pratique, et la ch
rité fraternelle a toujours été assez forte parm
eux, pour y maintenir l'harmonie et l
dépendance, si nécessaires à la conservatio
des corps religieux. La sagesse du fondateu
a su, dans ses règles, faire une heureus
alliance de la constitution plus libre et d
but de l'Oratoire, avec la force de gouverne
ment de la Compagnie de Jésus, et la douc
et suave conduite des statuts donnés pa
S. François de Sales à la Visitation. Il inspir
à ses premiers disciples, un dévouemei
inviolable pour l'Eglise, pour son Chef su
prême et pour tous ses Pasteurs ; grâce
l'esprit qu'il leur communiqua, toujours se
enfants restèrent attachés aux saines doc

trines ; le jansénisme ne put jamais pénétrer dans leur corps. Le Sacré Cœur de Jésus et le Saint Cœur de Marie leur avaient été donnés pour patrons principaux ; auraient-ils pu méconnaître la miséricorde et l'amour du Fils et de la Mère ? Leur régularité n'a jamais cessé d'être parfaite, et ils ont donné dans les jours mauvais de la Révolution de 93, d'admirables exemples de dévouement et de fidélité. Le P. Hébert, confesseur de Louis XVI et l'un des glorieux martyrs des Carmes, fut leur dernier supérieur général.

Frappée, à cette époque, d'un coup qui parut mortel, la Congrégation de Jésus et Marie fut conservée par la Providence comme une précieuse étincelle ; elle s'est ranimée en 1826, dans la personne des anciens Eudistes, que le glaive de la persécution avait épargnés. Depuis, le St Siége a confirmé cet Institut et approuvé les Constitutions si sages que lui a données le P. Eudes. Forte de cette bénédiction du Vicaire de J.-C., cette congrégation a pris des développements qui font « espérer qu'elle pourra rendre encore à l'Eglise d'importants services. »

La nouvelle Société eut dès sa naissance

bien des obstacles à surmonter ; le démon, jaloux du bien qu'elle devait opérer, déchaîna contre elle tous les efforts de sa rage. Les calomnies furent nombreuses. Tous les ennemis du P. Eudes rendirent d'abord vaines les tentatives qu'il fit pour obtenir l'approbation de sa Congrégation ; mais enfin Innocent X, sans confirmer précisément l'Institut, approuva du moins par un bref du 20 avril 1648, l'érection du séminaire de Caen. L'assemblée du Clergé de 1645 avait également applaudi au zèle de l'intrépide réformateur et Monseigneur d'Angennes, son évêque, l'avait couvert de son affectueuse protection.

Les épreuves ne devaient pourtant pas finir ; un orage terrible se leva, et l'on put croire un instant que c'en était fait de la Société du P. Eudes. Le nouvel évêque de Bayeux, Mgr Molé, trompé sans doute par des rapports inexacts et des préventions peu favorables, avait résolu d'anéantir la communauté de Caen. Ni les humbles représentations du pieux fondateur, ni la médiation puissante de ses amis, ne purent conjurer cette tempête, et bientôt un interdit était jeté sur la chapelle du séminaire. Le P. Eudes se soumit avec ne admirable résignation, et abandonnant à la Providence la secrète direction d'une œuvre qu'il ne pouvait plus conduire, il attendit en paix des moments plus heureux.

Le ciel ne tarda pas à le consoler ; car cette année (1649) Mgr Auvry l'appelait à établir un nouveau séminaire à Coutances. Bientôt le successeur de Mgr Molé se hâtait de lever l'interdit jeté sur le séminaire de Caen ; et le P. Eudes était successivement appelé à fonder de nouveaux établissements à Lisieux (1654), à Rouen (1659), à Evreux (1666), et à Rennes (1670).

Ces fondations, il est vrai, ne se firent pas sans difficultés ; mais le P. Eudes savait que les œuvres de Dieu sont toujours traversées par la malice des hommes, et il s'attendait à rencontrer à chaque pas de nouvelles persécutions. Elles ne manquèrent pas. Le zèle avec lequel il attaquait dans ses prédications les erreurs nouvelles, lui avait fait bien des ennemis parmi leurs partisans. Ils firent jouer mille ressorts pour empêcher que de nouveaux séminaires lui fussent confiés, et pour paralyser les intentions bienveillantes des prélats à son égard ; mais ils ne réussirent point. **J.-C.** combattait pour son généreux serviteur, dont la sage prudence, le zèle inébranlable et la douce humilité déjouaient les plans les mieux concertés. Aussi avant de mourir, le P. Eudes put se réjouir, en voyant qu'à travers mille obstacles, il avait assuré dans sa Congrégation, aux jeunes élèves du sanctuaire, des directeurs capables de leur communiquer avec abondance l'esprit ecclésiastique, dont ils étaient eux-mêmes remplis.

« Monseigneur l'archevêque, écrivait-il vers la fin de sa vie, publie partout les fruits du séminaire de Rouen, et la grande satisfaction qu'il a eue en voyant la modestie et la piété qui paraissaient visiblement sur les visages de ceux à qui il a conféré les Saints Ordres, cela me donne bien de la joie de voir la bénédiction qu'il plaît à Dieu de donner au travail de mes très-aimés frères. Qu'il en soit éternellement béni ! Oh ! que ce travail est agréable à N. S. et à sa T.-Ste Mère ! qu'il donne de contentement aux Anges et aux Saints ! Combien d'âmes seront sauvées par ce moyen ! Bienheureux ceux qui persévéreront dans un si saint exercice, car leur travail finira bientôt, et ils en recueilleront le fruit

son temps ! » « C'est là, écrivait-il un jour
ses enfants, ce qu'on peut appeler sauver les
uveurs, diriger les directeurs, enseigner les
cteurs, paître les pasteurs, éclairer ceux qui
nt la lumière du monde, sanctifier ceux qui
nt la sanctification de l'Eglise, et faire, dans
hiérarchie, ce que les Séraphins et les Ché-
bins font dans celle du ciel. C'est l'emploi
i peut rendre plus de gloire à Dieu, appor-
r plus d'utilité à l'Eglise, et à ceux qui y
nt consacrés plus de grâces en ce monde et
us de gloire dans l'autre. »

++

Chapitre 6me

LE P. EUDES, 1er APOTRE DES SAINTS CŒURS DE JÉSUS ET MARIE.

Un des titres les plus glorieux du P. Eudes,
t peut-être un des moins connus, est la
art qu'il a prise dans l'établissement et dans
a propagation de la dévotion aux SS. Cœurs
le Jésus et de Marie. Sans doute, les écri-
vains les plus impartiaux et les meilleurs
uges en cette question se sont plu à recon-

naître, du moins en partie, le zèle qu'il a déployé pour répandre cette double, je dirai mieux , cette unique dévotion. Toutefois beaucoup sont loin de l'apprécier comme il le mérite : jamais aucun historien n'a cherché à contester au P. Eudes, le titre d'instituteur et de propagateur de la dévotion au Saint Cœur de Marie ; mais plusieurs ne seront-ils pas surpris, d'entendre lui attribuer également la gloire d'avoir été le premier à procurer l'établissement de la dévotion et du culte du Sacré-Cœur de Jésus ?

Pourtant il nous est permis d'affirmer qu'il est le premier à qui ait été confiée la mission de répandre cette double dévotion dans l'Eglise, et d'instituer en l'honneur des SS. Cœurs de Jésus et de Marie un culte public et solennel. C'est à lui qu'il faut remonter pour trouver l'origine de ce grand mouvement catholique qui, depuis plus de deux siècles, porte tous les cœurs à venir se réchauffer dans ces Cœurs si aimants.

Préparé par la doctrine des PP. de Bérulle et de Condren, éclairé par les enseignements de Ste Gertrude, de Ste Mechtilde et de Ste Brigitte, probablement même par des révéla-

ons célestes, il avait résolu de bonne heure
e n'avoir d'autre terme de son amour et de
es hommages. Bientôt même, jaloux de faire
artager aux autres son bonheur, il résolut
(641) d'employer le reste de ses jours à
ablir et à propager le culte de ces SS.
œurs.

Dans ce dessein, il commença par consa-
rer entièrement au Cœur admirable de la
. Vierge, dont il ne séparait jamais le Cœur
acré de Jésus, l'ordre de N.-D. de Charité
u Refuge (1641) et la Congrégation de Jésus
t Marie (1643). Il voulut que la fin princi-
ale de ces deux Instituts et leur gloire la
lus chère, fussent d'honorer et de faire ho-
orer ces Cœurs divins. Il ne leur choisit pas
l'autre patron; il leur donna pour sceau et
our armes, un cœur renfermant les images
le Jésus et de Marie. Inutile d'ajouter qu'il
eur prescrivit un grand nombre de pratiques
t de prières en l'honneur de ces Cœurs sa-
rés : les constitutions, les manuels de piété,
aussi bien que les usages de ces deux Congrégations en font foi.

Bien d'autres congrégations ont pris sans
doute le nom de Société du Sacré-Cœur de

Jésus, du Saint-Cœur de Marie, ou des Saints Cœurs de Jésus et de Marie. Nous sommes heureux de constater par là qu'on a senti combien il est bon, pour une famille religieuse, de pouvoir s'abriter dans le Cœur du Fils et dans celui de la Mère. Cet empressement ne nous fait qu'apprécier davantage le bonheur et la gloire qu'ont eus les deux Instituts du P. Eudes, de venir les premiers se fixer dans le Cœur tout aimable de Marie et de Jésus. Ils sont, en effet, les aînés de cette nombreuse famille, dont tous les membres se font honneur de porter le nom d'enfants des Sacrés-Cœurs.

Le P. Eudes chercha encore des moyens de propager sa dévotion de prédilection dans des confréries, dans la Société des Enfants du Cœur de la Mère admirable, et dans de nombreux ouvrages sur ces Cœurs divins. Le plus considérable de ces livres, est celui qui a pour titre : LE LIVRE DU CŒUR ADMIRABLE DE LA T.-Ste MÈRE DE DIEU (700 pages in-4°). — Il a pour objet principal le Cœur de la Bienheureuse Vierge ; mais le XIIe et dernier livre tout entier, (c'est-à-dire près de 100 pages), y est consacré au divin Cœur

Jésus. En sorte que, de fait, cet ouvrage
t le premier où l'on ait étudié la dévotion
x SS. Cœurs de Jésus et de Marie. Le
. Eudes y a réuni tout ce qu'il avait écrit
paravant sur ces deux Cœurs ; nous pou-
ns même affirmer que, malgré certains
fauts de style, il est un des plus pieux
des plus solides qui aient jamais été écrits,
it sur le Saint-Cœur de la Bienheureuse
ierge, soit sur le Sacré-Cœur de son Fils.

Toute sa vie, le P. Eudes eut à soutenir
es luttes incessantes au sujet de sa double
évotion, et il ne réussit à la propager,
u'en renversant de vive force les obstacles,
ue lui opposaient les partisans plus ou
oins déclarés des doctrines jansénistes, mais
trouva dans le clergé, spécialement dans
épiscopat, et dans les Communautés reli-
ieuses, comme celles des Ursulines, des
armélites et des Bénédictines du St-Sacre-
ent, un secours efficace pour l'instituer et
a propager.

Pour remplir pleinement sa mission pro-
identielle, il devait surtout instituer des
êtes ; car les fêtes publiques sont proprement
a forme que revêt le culte catholique. Il

voulut commencer par le Cœur de Marie. E
cela, du reste, il ne faisait que se conforme
à l'économie qui règle ordinairement le
conseils de la Providence ; et, de même qu
Dieu nous a donné Jésus par Marie , l
P. Eudes voulait nous présenter d'abord l
Cœur de la Mère, pour nous ouvrir un accè
plus libre et plus facile vers le Cœur tou
aimable et tout aimant de son Fils.

Dès 1643, il est question dans une lettre d
lui, de célébrer tous les ans deux fêtes en leu
honneur. Toutefois on ne le faisait encor
que dans l'intérieur de ses Communautés
C'est le 8 février 1648, que nous voyons pou
la première fois notre saint apôtre donner un
pompe extraordinaire à la fête du S. Cœur d
Marie ; ce fut dans la cathédrale d'Autun, o
il prêchait une grande mission. Depuis lors
à sa prière, un grand nombre d'évêques per
mirent de solenniser la fête dans leurs dio
cèses, et le cardinal de Vendôme, légat à
latere du pape Clément X , sanctionna la
dévotion et le culte de ce Saint Cœur par son
approbation (1668).

Encouragé par l'accueil qu'avait reçu en
tout lieu la fête du Cœur admirable de la

nheureuse Vierge, le P. Eudes résolut de
travailler également à instituer une fête
blable, en l'honneur du Sacré-Cœur de
us. Pour cela, vers 1659, il commença à
poser cet office si beau et si suave, que
ue vient d'approuver (1661) en même
ps que son Office du Saint-Cœur de
rie. Il mit à ce travail autant de soin que
nour, et il y fit passer toute la douceur et
le feu de la charité qui l'animait lui-
me. Toutefois, mille contradictions et mille
tacles l'empêchèrent encore, pendant quel-
s années, de réaliser entièrement son
sein. Ce ne fut qu'en 1670 qu'il put voir
désirs accomplis.

e P. Eudes prêchait alors une grande
ssion à Rennes ; Mgr de la Vieuxville,
erveillé des prodiges opérés par l'homme
Dieu, lui confia immédiatement le soin de
der le séminaire de son diocèse, et à sa
nande, il lui accorda de célébrer solennel-
nent tous les ans... « la fête du Cœur
dorable de N.-Seigneur Jésus-Christ, avec
ctave, et de se servir pour cet effet d'office
t de messe propres, et de faire le même
ffice double, le premier jeudi de chaque

« mois, non occupé d'une fête double
« semi-double, et d'en user de même à
« gard du Cœur de la Bienheureuse Vierge,
(8 mars 1670).

Dans le cours de cette année et de l'an
suivante, les évêques de Coutances, d'Evre
de Rouen, de Bayeux et de Lisieux, suivir
l'exemple de celui de Rennes ; et si en 16
la fête du S. Cœur de Jésus ne fut solenni
que dans le séminaire de cette dernière vi
le P. Eudes en 1672 ordonna de la céléb
comme fête patronale, dans les six maiso
que possédait alors sa Congrégation. Qu
ques Communautés religieuses s'empressèr
d'adopter la fête et l'office du Sacré-Cœur,
dès 1675, les Bénédictines du S. Sacreme
la célébrèrent à Paris. On sait aussi que c'
le P. Eudes qui le premier à Coutances (165
et à Caen (1664) a entrepris de bâtir d
églises en l'honneur du S. Cœur de Jésus et
Marie ; et Clément X, dans six brefs (1674-
donne à toutes les chapelles des séminair
de sa Congrégation le titre de : « *Eccles
Cordis Jesu et Mariæ.* » Il est facile de co
clure de l'ensemble de ces faits, qu'au
Eudes appartient le bonheur et la gloi

avoir été le premier apôtre de la dévotion
1 Saint-Cœur de Marie et au Sacré-Cœur
: Jésus ; il a donc préparé les voies à la
. Marguerite-Marie Alacoque, qui reçut sa
ission en 1674.

++

CHAPITRE 7ᵐᵉ

SOCIÉTÉ DES ENFANTS DU CŒUR DE LA MÈRE ADMIRABLE.

La sagesse et l'expérience du P. Eudes lui
vaient appris quelle force pour le bien, les
ommes reçoivent de l'association de leurs
forts individuels. Il avait donné, dans la
ongrégation de Jésus et Marie, des apôtres
ix peuples, et au clergé des guides et des
irecteurs pour le former ; l'Ordre de N.-D.
e Charité était un port avant ou après le
aufrage, pour les âmes battues par la tem-
ête. Ce n'était pas assez pour son zèle. Dans
es missions, il savait assurer aux pauvres et
ux malheureux, des secours constants, en
éunissant les personnes riches, dans des
ociétés, qui furent comme une ébauche des

conférences de S. Vincent de Paul. Il grou
pait autour de l'autel, des adorateurs plein
d'amour par la fondation de confréries du
St Sacrement ; mais l'association la plus vaste
qu'ait entrepris le P. Eudes, celle qui a éten
du plus loin et d'une manière plus persévé
rante son influence, est la société des Enfants
du Cœur Admirable de la Mère de Dieu.

Dans le chapitre précédent, nous avons vu
le P. Eudes consacrer ses deux instituts reli
gieux aux SS. Cœurs de Jésus et de Marie.
Il voulut aussi ouvrir ces Cœurs sacrés aux
âmes pieuses qui, même au milieu du monde
sentent le besoin d'aller se reposer plus
amoureusement sur le sein de la Mère et du
Fils. Partout donc il érigea des confréries,
sous l'invocation soit du Saint-Cœur de la
Bienheureuse Vierge, soit du Sacré-Cœur de
Jésus et de Marie, et partout les fidèles, ga
gnés par ses pressantes exhortations, se firent
une gloire de venir se ranger sous ce double
patronage. Aussi, plusieurs villes de Bourgo
gne et de Bretagne, et surtout de la Norman
die, possédèrent bientôt de ces pieuses asso
ciations. Rome approuva le zèle du P. Eudes,
et en 1674-1675, Clément X lui adressa six

fs, en faveur des confréries érigées ou à
ger dans les séminaires de sa Congrégation
invocatione Cordis Jesu et Mariæ : c'est la
mière fois que le nom du Sacré-Cœur de
us apparaît dans une Confrérie approuvée
Rome.

les confréries étaient ouvertes à toutes sor-
de personnes pieuses, mariées ou non ; le
Eudes comprit que cela ne suffisait pas à
taines âmes appelées à une perfection plus
ate; et qui, pour divers motifs, ne peuvent
trer en religion. Ce n'est pas qu'il n'y eût
rs, comme aujourd'hui, des Tiers-Ordres
à anciens, pour les recueillir ; mais l'Egli-
en bonne mère, sait modifier ses institu-
ns et s'accommoder aux besoins de ses ents, dans toutes les circonstances. Or, il est
tain que ces anciennes sociétés religieuses
S.-François, de S.-Dominique, du Carmel,
escrivent des pratiques difficilement conci-
bles avec la santé, la position d'un bon
mbre de chrétiens. Ce fut pour cette raison
e le P. Eudes forma, sous le nom de *Société*
s enfants du Saint-Cœur de la Mère admira-
, une association nouvelle. Il imitait en
la S. François de Sales, qui avait fondé

l'ordre de la Visitation, pour les âmes app
lées à la vie religieuse, mais incapables d'e
brasser les règles plus austères qui existai
avant lui.

Le peu d'obligations imposées par le sa
instituteur à cette pieuse association, en
beaucoup facilité l'extension, et permet à ce
qui l'embrassent de se livrer aux œuvres
charité si nécessaires aujourd'hui ; l'instru
tion des enfants excite surtout le zèle de s
membres. Toutefois le P. Eudes a vou
compenser en quelque sorte l'absence de pr
tiques multipliées et rigoureuses, par l'obl
gation imposée à tous les frères ou sœurs,
s'engager, non par vœu, mais par forme
consécration de bon propos, à garder le cél
bat perpétuel. Des vierges ou des veufs seu
doivent donc composer cette société, conn
de nos jours sous les noms divèrs de Socié
des Enfants du Cœur de Marie, de Tiers-Or
dre du Sacré-Cœur ou de Tiers-Ordre de
Eudistes.

Les règles et les pratiques de la Sociét
sont empruntées à celles des religieuses d
N.-D. de Charité du Refuge, et à celles de
Pères de la Congrégation de Jésus et Marie

P. Eudes ne les écrivit pas lui-même ;
s furent rédigées seulement quelques an-
s après sa mort par les Pères Eudistes
ont toujours dirigé la société, partout où
taient à portée de le faire. Dans les so-
ités les sœurs doivent être revêtues de
c. En tout temps chaque membre doit
ter sous ses habits ordinaires, un autre
t habit symbolique, composé d'une tuni-
blanche et d'une ceinture de soie de même
leur, avec un cœur et une petite croix de
rouge. Le P. Eudes semble indiquer que
te Vierge a elle-même désigné la matière
a couleur de ce vêtement.

e précieux Tiers-Ordre, si nous pouvons,
analogie, lui donner ce nom, se répandit
-rapidement dans les provinces de Nor-
die et de Bretagne. Il s'y est maintenu,
me à travers la période révolutionnaire,
malgré l'obligation du célibat perpétuel
il impose, il y compterait encore, d'après
l'abbé Souchet dans son commentaire sur
ègle, plus de quinze mille membres. Cette
été toute dévouée aux SS. Cœurs de Jésus
le Marie, a été enrichie de nombreuses
ulgences, par la largesse des souverains.

4.

Pontifes, et sur la demande des Evêques d
différents diocèses où elle est établie.

✝✝✝✝✝✝✝✝✝✝✝✝✝✝✝✝✝✝✝✝✝✝✝✝✝✝✝✝✝✝✝✝✝✝✝✝✝

CHAPITRE 8ᵐᵉ

MISSIONS DU P. EUDES, DEPUIS LA FONDATION DE CONGRÉGATION.

En fondant ses deux congrégations re
gieuses, le P. Eudes n'entendit-pas interror
pre le cours de sa mission apostolique. Com
S. Paul il avait pris pour devise : *Væ mihi
non evangelizavero ! malheur à moi si je
prêche !* Aussi en se voyant à la tête d'u
troupe d'élite, il se hâta d'entreprendre
nouvelles campagnes, pour avancer le règn
de J.-C. Dieu de son côté ne cessa de mult
plier sous les pas de son apôtre les prodig
de grâce. C'est à partir de cette époque qu
prêcha principalement dans les villes, réuni
sant quelquefois autour de lui vingt et mêm
trente collaborateurs. Dans l'impossibilité o
nous sommes, de le suivre dans ses course
apostoliques, bornons-nous à indiquer le
noms des principales villes où il donna de

issions : Paris (à St-Sulpice, aux Quinze-
ngts et à St-Germain des Près), Coutances,
-Malo, Rouen (deux fois), St-Lô (deux fois),
alognes, Pont-Audemer, Couches, Torigny,
ogent-le-Rotrou, Autun, Beaune, Ville-
eu, Meaux, Châlons-sur-Marne, Evreux,
urentan, Rennes, Elbeuf, Versailles, Fou-
res, St-Germain-en-Laye, etc., etc.

On a compté jusqu'à 112 grandes missions
nnées par le P. Eudes en personne, sans y
mprendre les avents, carêmes, retraites ou
rmons détachés, qu'il a prêchés suivant les
xigences des temps, des lieux et des fêtes. Il
ait toujours prêt à semer la divine parole ;
-il était heureux, pourvu qu'il trouvât une
rre où la jeter.

On a peine à se figurer de nos jours ce
u'étaient ces grandes missions, et les effets
erveilleux qu'elles opéraient. Lui - même
ous donne la mesure de leur durée. Dans
ne lettre à Mgr de la Vieuxville, évêque de
ennes (1669) : « Afin qu'une mission pro-
uise quelque changement dans les mœurs,
t qu'elle détruise les vices et les mauvaises
outumes, il est nécessaire qu'elle dure pour
e moins sept ou huit semaines. Nous n'eu

faisons pas dans les plus petites paroisses (
la campagne qui ne dure six semaines. Au
trement, on plâtre le mal, mais on ne
guérit pas. On rompt les mauvaises herbe:
mais on ne les déracine pas. On fait du brui
mais peu de fruit. » La mission de Renne:
qui fut le résultat de cette lettre, dura plus d
quatre mois. Le P. Eudes y travailla avec au
tant de force que s'il n'avait eu que trent
ans, et il prêcha presque tous les jours dan
la cathédrale durant l'espace de douze se
maines, à un très-nombreux auditoire, bie:
qu'il fut âgé de soixante-neuf ans.

La première mission de Rouen, en 1642
dura du commencement de l'année à la fir
du Carême. Trente prêtres y travaillaient
« Pendant onze et douze semaines que du-
raient quelques fois ces missions, dit le P.
Hérambourg, biographe du temps, on avait
toujours peine à approcher des confesseurs,
tant ils étaient occupés, et on voyait une infi-
nité de gens de la campagne venir de six,
sept et quinze lieues, et quelquefois de plus
loin, nonobstant la rigueur de l'hiver. » Il
n'était pas rare de compter dans l'auditoire
15, 20 et 30,000 personnes : à Valognes en

}43, le P. Eudes fut obligé de sortir de la
lle pour prêcher, car 40,000 âmes se trou-
aient réunies pour l'entendre, et ne pouvaient
ouver place dans son enceinte. Au dire de
t-Vincent de Paul, la vaste cour des Quinze-
ingts ne put contenir ceux qui accouraient à
 mission, qu'il donna à Paris (1660) ; à la
lôture de ces exercices, on vit parfois ras-
emblées les croix et les bannières jusque de
ingt-deux paroisses. La cour, les prélats
empressaient de se joindre aux fidèles, et à
louen, à Châlons, le P. Eudes, quand il
isait chaque semaine des conférences ecclé-
iastiques, compta autour de lui, plus de trois
ents prêtres ou religieux.

Laissons, du reste, parler un témoin
culaire, M. de Renty, si célèbre à cette époque,
t dont l'ambition était de suivre le P. Eudes
lans ses voyages, pour le servir comme les
aintes femmes servaient J.-C. en Judée :
« Notre mission, qui n'a fini que dimanche
lérnier, s'est passée, grâce à Dieu, avec
beaucoup de bénédiction, si j'en juge par la
conduite des personnes, par la quantité des
restitutions qui se sont faites, celle des livres
profanes et des romans que l'on a apportés

4*.

pour les brûler publiquement. Enfin, le
missionnaires eussent souhaité d'être cen
aussi bien qu'ils n'étaient que dix-huit, pou
satisfaire au peuple qui attendait quelquefo
deux, trois et quatre jours à pouvoir se co
fesser ; et au bout de quatre semaines
quantité ne l'ont pu. L'on communiait
quatre, cinq et sept heures du soir. Il es
impossible que l'on ne soit touché de voir l
ferveur des pauvres gens quitter tout pour s
rendre à la parole de Dieu. Et il faut rendr
cet honneur au P. Eudes, de le tenir comm
un admirable et un extraordinaire organe d
Dieu, pour le ministère où il l'a appelé. O
ne peut résister à ces vérités dites si nûmen
si saintement et si fortement. Il y avait plu
de douze mille personnes le dernier jour
Toute une montagne en était couverte : c'étai
une naïve idée du jugement. »

Nous ajouterons à ce témoignage une lettr
du P. Eudes lui-même ; elle est écrite d
Vasteville (diocèse de Coutances), au P
Blouet de Camilly (23 juillet 1659) ; elle nous
peint tout à la fois et le zèle ardent du sain
apôtre et les fruits extraordinaires qui en
furent la récompense. « Je ne saurais vous

ire les bénédictions que Dieu donne à cette
mission de Vasteville. Certainement cela est
prodigieux. Il y a longtemps que je ne prêche
plus dans l'église, car, quoiqu'elle soit très-
grande, elle est néanmoins trop petite en
cette occasion. Je puis dire avec vérité qu'aux
dimanches, nous avons plus de 15,000 personnes. Il y a douze confesseurs, mais sans
hyperbole, cinquante y seraient bien em-
ployés. On y vient de huit et dix lieues, et
les cœurs y sont extraordinairement touchés.
On ne voit que pleurs ; on n'entend que
gémissements des pauvres pénitents et péni-
entes. Les fruits que les confesseurs voient
au saint tribunal sont merveilleux ; mais ce
qui nous afflige, c'est qu'on ne pourra pas en
confesser le quart. On en est accablé. Les
missionnaires en voient qui sont huit jours
à attendre sans pouvoir se confesser, et qui
se jettent à leurs genoux où ils les ren-
contrent, les suppliant avec larmes et les
mains jointes, de les entendre. Cependant,
voilà déjà la sixième semaine que nous y
sommes. Oh ! que c'est un grand bien que
les missions ! Oh ! qu'elles sont nécessaires !
Que c'est un grand mal d'y mettre obs-

tacle ! Si ceux qui nous ont empêchés d'e
faire plusieurs dans ce diocèse savaient l
mal qu'ils ont fait ! *Pater, dimitte illis : nes
cierunt enim quid facerent.* Prions, mon très
cher frère, le maître de la moisson qu'il
envoie des ouvriers, et disons-lui souvent de
tout notre cœur : *Domine messis, mitte opera
rios in messem tuam !* Que font à Paris tan
de docteurs et tant de bacheliers, pendan
que les âmes périssent par milliers, faute de
personnes qui leur tendent la main pour les
retirer de la perdition, et les préserver du feu
éternel ? Certainement si je me croyais, je
m'en irais à Paris, crier dans la Sorbonne et
dans les autres collèges : Au feu ! au feu de
l'enfer qui embrase l'univers ! Venez, messieurs les docteurs ; venez, messieurs les
bacheliers ; venez, messieurs les abbés ;
venez, messieurs les ecclésiastiques, nous
aider à l'éteindre !..... »

On reconnaît dans cette lettre, le zèle d'un
véritable apôtre de J.-C. « Je ne veux rien
du tout, avait-il coutume de dire ; mais si
Dieu me commandait de vouloir, je choisirais
de vivre toujours, pour aider à sauver les
âmes. » Et une fois, il dit à ses mission-

res : « Je me sens une si forte inclination
travailler à sauver les âmes, que je renon-
ais volontiers à toute la gloire du ciel,
ir aider au salut d'une pauvre âme. »

╬╬╬╬╬╬╬╬╬╬╬╬╬╬╬╬╬╬╬╬╬╬╬╬╬╬╬╬╬╬╬╬╬

Chapitre 9ᵐᵉ

DERNIÈRES ANNÉES DU P. EUDES.

Les fruits prodigieux des missions du P.
des, la grandeur de ses entreprises, et sur-
t l'éclat de ses vertus, avaient attiré au saint
ssionnaire, la vénération des fidèles. Lors-
'il marchait par les rues, le peuple se jetait à
noux pour demander sa bénédiction ; on
yait voir J.-C. dans sa personne, on lui
ésentait les petits enfants afin qu'il les
nât au front ; on se recommandait à ses
ières, et l'on s'estimait heureux d'avoir
elque part dans son souvenir. A Clairvaux,
Val-Richer, à Montmartre, etc... on cou-
it des morceaux de ses vêtements et on les
rdait comme de précieuses reliques ; quand
montait en chaire, on se pressait tellement

autour de lui pour le toucher, qu'il av
peine à se frayer un passage ; plusieurs m
nastères de Carmélites, d'Ursulines, de F
nédictines... voulurent se mettre sous
direction ; les hommes les plus éminents
ce siècle par leur science et leur vertu,
Vincent de Paul, MM. Olier, de Bernière
Boudon, de Renty.... professaient là pl
grande vénération pour ses talents et pour
sainteté ; tous les prélats avec lesquels il f
en rapport, regardaient comme une bén
diction, qu'il daignât venir évangéliser leu
peuples ; maintes fois ils écrivirent à Ror
en sa faveur ; plusieurs d'entre eux, comn
le hardi et vertueux évêque de Lisieux, Mo
seigneur de Cospéan, ne lui écrivaient et n
lisaient ses lettres qu'à genoux. Le célèbre
Maupas, évêque d'Evreux, fit même tous s
efforts pour l'obtenir pour coadjuteur ; ma
l'humble modestie du P. Eudes le préserv
d'un si redoutable fardeau ; car c'est ur
chose à remarquer: plus les honneurs ve
naient pour ainsi dire au-devant de lui,
plus son mérite se faisait jour à travers le
voiles de son humilité ; moins le P. Eude
cherchait à se faire connaître, et plus il fr

issait à la seule pensée d'une distinction
onorifique. « Je ne veux, écrivait-il, à cette
occasion, à Mgr Maupas, d'autre bénéfice et
autre distinction que la croix de mon
Sauveur et les ignominies de son calvaire. »
Hâtons-nous de le dire : Dieu exauça à la
lettre ce désir héroïque de son serviteur.
Toute sa vie, il fut en proie, dans son âme,
dans son corps, dans sa réputation et dans
ses œuvres, à tout ce que cette vallée de larmes peut offrir de souffrances aux enfants
des hommes. Dieu l'éprouva lui-même par
de longues années de sécheresse, qu'il sup-
porta avec une constance invincible. A plusieurs reprises sa conduite fut tellement
calomniée, que ses meilleurs amis l'aban-
donnèrent, car bien qu'ils connussent son
innocence, son nom était tellement déshonoré,
qu'ils rougissaient de lui. « A la réserve de
la pureté, sur laquelle je ne sache pas qu'il ait
été attaqué, non plus que son divin Maître,
on lui attribua tout ce que l'on aurait pu
reprocher à un prêtre sans foi, sans religion,
sans honneur, sans conscience, et qui aurait
été sujet aux plus grands désordres, tels que
la fourberie, le faux, le parjure, le sacrilége,

le vol, la rébellion aux ordres de ses supé
rieurs, l'orgueil et l'indépendance. On l
dépeignit sous des couleurs si noires à l
reine, qu'il ne put d'abord en obtenir d'au
dience; on l'abandonna, et on le fuyait ave
autant de précaution qu'on avait d'abord té
moigné d'empressement pour chercher so
amitié. »

Les Jansénistes surtout, dont il poursui
vait à outrance la morale et la doctrine, n
cessèrent de lui créer de nouveaux embarras
son séminaire de Caen fut interdit pendan
trois ans; deux fois il eut à comparaître
devant les juges ecclésiastiques pour justifie
sa conduite : pendant six ans il fut exilé de
Paris par Louis XIV près duquel on l'avait
calomnié; mais ce qui lui fut plus pénible
encore, ce fut de se voir attaqué par quelques-
uns de ses propres enfants, et par des personnes de piété qu'un zèle mal entendu aveu-
glait. « J'aurais douté de la sainteté du P.
Eudes, disait le P. Gautruche, jésuite, si Dieu
n'y avait mis le sceau de sa croix ! » Pour lui,
heureux d'avoir quelque chose à souffrir pour
le nom de J.-C., il résista toujours aux sollici-
tations de ses amis qui le pressaient de se

;.ifier, et comme son divin maître il garda
silence.

Cependant au milieu de ces orages, il con-
uait avec un succès tout aussi prodigieux,
; travaux apostoliques ; et en 1676, à l'âge
75 ans, nous le voyons encore donner à
-Lô une grande mission de plusieurs mois.
!anmoins ses forces diminuaient chaque
ur, sous l'action de ses austérités conti-
telles, des fatigues de son ministère, et de
s nombreuses infirmités. Dans la crainte
ne pouvoir plus désormais s'occuper assez
tivement du gouvernement de sa chère
ongrégation, le pieux fondateur résolut de
noncer à sa supériorité. Il convoqua donc
ie assemblée générale, et malgré les répu-
ances de ses enfants, il les obligea par ses
stances, à agréer sa démission : le P. Blouet
Camilly fut élu pour lui succéder.
Ce fut un spectacle qui attendrit jusqu'aux
rmes toute l'assemblée, lorsqu'on vit le vé-
rable fondateur quitter la première place
'il avait occupée jusqu'alors, et rassembler
peu qui lui restait de forces, pour se pros-
rner le premier, tête-nue, aux pieds de son
ifant spirituel ; lui demander à genoux sa

bénédiction, et s'offrir, comme le dernier
ses frères à faire tout ce qu'il lui plairait
lui ordonner.

Le P. Eudes ne songea plus ensuite qu
s'unir de plus en plus à celui qu'il av
si fidèlement servi durant les quatr
vingts années de son pèlerinage. Tous s
moments étaient remplis par de fervent
méditations, par la direction des âmes q
recouraient de toutes parts à sa longue exp
rience des choses de Dieu et par la compos
tion de quelques ouvrages de piété. On voy
qu'il s'estimait heureux de consacrer ses de
niers instants, à faire aimer et servir Cel
que sa voix mourante ne pouvait plus fai
connaître aux peuples. Le 25 juillet 1680,
achevait son traité *Du Cœur admirable de*
T. Ste Vierge, où l'on trouve, comme dans tou
ses ouvrages, avec l'expression d'une tendr
piété, des preuves d'une érudition peu con
mune et d'une grande solidité de jugemen
Il semble que pour l'appeler à lui, Dieu a
attendu que ce glorieux apôtre des SS. Cœur
eut fait passer dans ces dernières pages tou
ce que sa dévotion avait de plus suave et d
plus ardent. Il vit avec joie la mort s'appro

ier, parce qu'elle devait être le passage à
une vie meilleure, et à une union plus intime
à Jésus et à Marie. Il reçut avec une ferveur
angélique les derniers Sacrements, et, plein
de confiance et d'amour, il expira doucement,
comme meurent les justes, le 19 août 1680.

On dut retarder ses obsèques pendant plusieurs jours, pour satisfaire la piété des fidèles qui accouraient lui baiser les pieds, se
recommander à ses prières et faire toucher
divers objets à son corps. Sa mort avait causé
un deuil général ; son inhumation fut un véritable triomphe. A 130 ans de distance, en
1810, la ville de Caen et le diocèse de Bayeux
tout entier, témoignèrent de nouveau leur
profonde vénération pour le P. Eudes, par la
pompe extraordinaire avec laquelle ils voulurent célébrer la translation de ses précieux
restes dans l'église de Notre-Dame. C'est là, au
milieu du Chœur, qu'ils reposent, et c'est là
que les fidèles vont se recommander à sa
puissante intercession. Bien des fois d'ailleurs, et spécialement dans ses dernières
années, Dieu a semblé vouloir autoriser cette
confiance des peuples, en accordant à son
dévoué serviteur, des grâces et des guérisons
miraculeuses.

Je n'ajouterai rien au récit des actions
P. Eudes ; ce sont les œuvres du juste
doivent le louer , et celles de cet hom
apostolique parlent assez haut par elles-m
mes. Je préfère imiter le célèbre Huet, évê
d'Avranches, et dire avec lui : « ce serait pe
inutile que de vouloir faire l'éloge du
Eudes : les travaux sans nombre qu'il a
trepris pour procurer la gloire de Dieu e
salut des âmes, tant d'écrits si pieux e
utiles qui sont dus à sa plume l'ont rer
cher à Dieu et digne de la vénération
l'Eglise. » (1)

Divini amoris flamma fuit in terris
Jam in cœlis,
Uti speramus, lucidissimum sidus.

« Sur la terre le P. Eudes fut comme u
flamme du divin amour ; maintenant au ci
nous l'espérons, il brille d'un éclat éblou
sant. » (2)

(1) Comment. de rebus ad se pertinentibus.
(2) Eloge du P. Eudes par la Conf. Ecclésiasti
de Cambremer (diocèse de Lisieux).

N. C. P. P. B. V. M. !

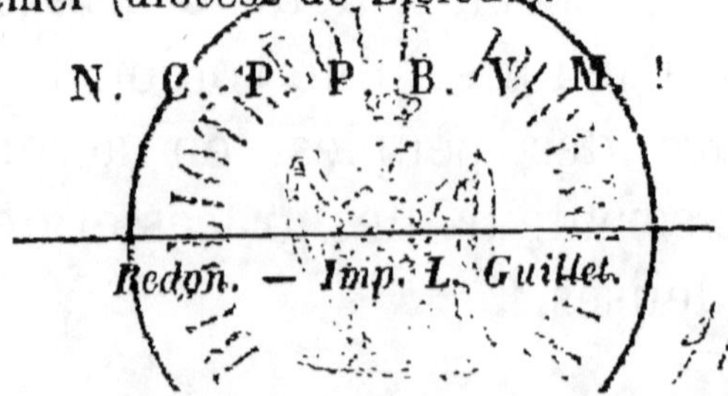